MERCADO DE CAPITALES
EVOLUCION Y CRECIMIENTO
EN VENEZUELA

Título Original:
MERCADOS DE CAPITALES, SU EVOLUCION Y CRECIMIENTO EN
VENEZUELA
Autor:
Ernesto Antonio Hurtado Ubeda
Copyright ©2017 Ernesto Antonio Hurtado Ubeda
Primera Edición
ISBN-13: 978-1548327781
ISBN-10: 1548327786

INDICE

Introduccion   **1**

Parte I El problema y sus Generalidades   **5**

ParteII Aspectos Teóricos   **13**

Parte III Aspectos Metodológicos   **71**

Parte IV Conclusiones   **75**

INTRODUCCION

Hoy en día, existe muchas formas de invertir pero el motor que ha hecho que el mercado de capitales evolucione son las bolsa de valores, que actualmente se encuentra alrededor del mundo.

El mercado de capitales es un elemento fundamental para el crecimiento económico de un país. Por una parte, ofrece a los inversores individuales e institucionales diversos tipos de títulos valores para diversificar sus inversiones ajustándose a sus preferencias de riesgo y rendimiento esperado, y, por la otra, permite a las empresas y al Estado obtener fondos del público con la finalidad de financiar sus actividades económicas y sociales, lo cual se traduce en mayor producción de bienes y servicios, generación de empleos, y en general, en bienestar económico y social.

En Venezuela este tipo de mercado se rige por la Ley de Mercado de Valores aprobada en agosto de 2010, la cual derogó a la anterior Ley del Mercado de Capitales y también se creó la superintendencia Nacional de Valores (SUNAVAL), el nuevo ente de regulación con la facultad de dictar las normativas técnicas.

Por ello el Mercado de Capitales constituye una excelente alternativa para aquellas empresas que cuentan con cierto grado de madurez y requieran vías paralelas de financiamiento que representen un menor costo que los mecanismos tradicionales. Es entonces que la economía venezolana necesita de un plan financiero que lleve a la desconcentración bancaria a que se estimule, para así invertir o ahorrar en los productos que ofrece el mercado de capitales, de manera que se transmita confianza y se fortalezca este tipo de mercado y a los intermediarios responsables del éxito de los fondos invertidos y ahorrados.

En el mercado de capitales existen elementos e intermediarios, entre ellos tenemos: la Bolsa de valores, caja de valores, sociedades de corretajes, casa de bolsa y por la cual estos ofrecen una variedad de productos. Estos productos son en renta fija (papeles comerciales. Obligaciones, titularización de activos), renta fija pública (bonos de deuda pública, letras del tesoro, pagarés entre otros) y renta variable (las acciones).

La justificación surge porque hay poca información impresa relacionada a este tema. En tal sentido, existe incertidumbre en las personas y empresas de no invertir o ahorrar pero, esto también se debe a las reiteradas crisis financieras que han obligado a los inversionistas a recurrir a otras fuentes de inversión, inclusive en el interior del país, desperdiciando oportunidades de circulación monetaria favorable para la economía. El respaldo técnico seleccionado procede de una exhaustiva revisión documental en ellos se encuentran libros de finanzas, documentos de internet, enciclopedias entre otros. La investigación está estructurada formalmente en cuatro partes, perfectamente delimitados.

La Parte I, corresponde al Problema y sus generalidades: planteamiento y delimitación del problema, objetivos de la investigación, justificación e importancia de la investigación, definición de términos.

La Parte II, sujeta al Marco Teórico, relacionado al tema objeto de estudio.

La Parte III, contiene el Aspectos metodológico, donde se detalla el tipo y el nivel de investigación así como también las técnicas y análisis utilizados para arribar a los objetivos previamente enunciados.

La Parte IV, donde se asientan las conclusiones y recomendaciones de la investigación.

PARTE I EL PROBLEMA Y SUS GENERALIDADES

1.1 PLANTEAMIENTO Y DELIMITACIÓN DEL PROBLEMA

El término de Mercado de Capitales es comúnmente conocido a nivel nacional e internacional como bolsa de valores.

El origen de la bolsa fue a finales del siglo XV en Europa occidental las primeras actividades fueron transacciones de valores inmobiliario y títulos. Una familia de banqueros llamados Van Der Bursen dieron inicio al término bolsa, en brujas Bélgica en la que se organizaron y aprobaron un mercado de títulos de valores.

En 1460 se creó la Bolsa de Amberes que fue la primera institución bursátil en sentido moderno. Posteriormente, se creó la Bolsa de Londres en 1570. Después, en 1595, la Bolsa de Lyon en Francia y en el año 1792 la Bolsa de Nueva York, siendo ésta la primera en el continente Americano.

En nuestro país el mercado de capitales se origino en el año 1805 el cual fue creado por dos comerciantes de la ciudad de Santiago León de Caracas, llevando como nombre ¨Casa de Bolsa y Recreación de los Comerciantes y Labradores¨ para este entonces gobernaba el Presidente Guzmán Blanco.

En 1947 fue inscrito en el registro mercantil, como compañía anónima Bolsa de Comercio de Caracas, años después se aprueba la primera Ley de Mercado de Capitales y con esta la Comisión Nacional de Valores, adscrita al Ministerio de Hacienda y responsable de la supervisión de los mercados. Luego en el segundo gobierno de Carlos Andrés Pérez, la Bolsa de Valores obtuvo un aumento sustancial en el Índice Bursátil del 540% nunca antes visto, convirtiéndose en una de las más importantes en el mundo. Este hecho tuvo como resultado que se implementaran nuevas normas y procedimientos automatizados los cuales iban a contribuir al desarrollo de la Bolsa de Valores en los últimos años.

La Bolsa de Valores en Venezuela es la pieza principal del mercado de capitales, es por ello que tanto las empresas públicas y privadas como las personas naturales, realizan inversiones a mediano y a largo plazo, con el fin de alcanzar sus beneficios.

El Mercado de Capitales está integrado por una serie de participantes, que compran y venden acciones, bonos, títulos de deuda pública, entre otras, esto con el objetivo de que los ofertantes (financistas) cubran sus necesidades de capital y los demandantes (inversionistas) coloque su exceso de capital en negocios que generen rendimiento.

En tal sentido, debido al crecimiento y desarrollo del mercado de capitales venezolano, es necesario e interesante describir la evolución de dicho mercado en nuestro país, su importancia, sus elementos y características particulares, la proyección que ha tenido en Venezuela y en el exterior. Para el incentivo de la población venezolana, en el conocimiento de esta fuente de inversión, como material bibliográfico que servirá de apoyo a los profesionales del área y futuros profesionales.

1.2 OBJETIVOS DE LA INVESTIGACIÓN

1.2.1 Objetivo General

Describir la Evolución del Mercado de Capitales en Venezuela

1.2.2 Objetivos Específicos

- Identificar los inicios del Mercado de Capitales en Venezuela
- Definir el Mercado de Capitales y los productos que ofrecen
- Describir el marco Legal del Mercado de Capitales en Venezuela

- Considerar la proyección del Mercado de Capitales en Venezuela

1.3 JUSTIFICACIÓN E IMPORTANCIA DE LA INVESTIGACIÓN

El presente trabajo de investigación se considera transcendental, ya que fortalecera el nivel de conocimiento de los estudiantes de la Escuela de Ciencias Sociales y Administrativas de la Universidad de Oriente Núcleo Monagas y sería de provecho para toda la comunidad universitaria e incentivar a la población Venezolana a continuar con esta investigación.

1.4 DEFINICIÓN DE TÉRMINOS

Acción: Titulo valor de carácter negociable que representa un porcentaje de participación en la propiedad de la compañía emisora del título. (Glosario de La Bolsa de Valores de Caracas. (www.caracasstok.com).

Bolsa de Valores: Establecimiento privado autorizado por el Gobierno Nacional donde se reúnen los miembros que conforman la Bolsa con el fin de realizar las operaciones de compra venta de títulos valores, por cuenta de sus clientes, especialmente. Sitio público donde se realizan las reuniones de la Bolsa o se efectúan las operaciones de la misma. La idea moderna de "sitio", puede asociarse con "lugar virtual" donde se encuentra la oferta y la demanda de valores.

(http/www.econfinanzas.com).

Bonos: Son títulos que representan una parte de un crédito constituido a cargo de una entidad emisora. Su plazo mínimo es de un año; en retorno de su inversión recibirá una tasa de interés que fija el emisor de acuerdo con las condiciones de mercado, al momento de realizar la colocación de los títulos. Por sus características estos títulos son considerados de renta fija. Además de los bonos ordinarios, existen en el mercado bonos de prenda y bonos de garantía general y específica y bonos convertibles en acciones. (http/www.econfinanzas.com).

Caja de Valores: Sistema de compensación y liquidación de valores que provee simultáneamente un intercambio de valores y efectivo en la fecha de liquidación que se acuerde. (Glosario de La Bolsa de Valores de Caracas. www.caracasstok.com).

Casa de Bolsa: Sociedades de corretaje o intermediación de títulos valores constituidas para prestar servicios al público en las operaciones bursátiles. Deben estar dirigidas por un corredor público de títulos valores. (http/www.googleusercontent.com).

Comisión Nacional de Valores: La comisión Nacional de Valores (CNV) es el organismo público encargado de promover, regular, vigilar y supervisar el mercado de capitales; tiene personalidad jurídica y patrimonio propio e independiente del Fisco Nacional. (http/www.googleusercontent.com).

Empresas Emisoras: Empresas que emiten y ponen en circulación títulos valores, obligaciones y otros documentos. Índice Bursátil Caracas.

11

(http/www.googleusercontent.com).

Mercado de Capital: Conjunto de instituciones financieras que canalizan la oferta y la demanda de préstamos financieros a largo plazo. Muchas de las instituciones son intermediarias entre los mercados de corto plazo. (http/www.econfinanzas.com).

Mercados Primarios: Mercado en el cual se efectúan las ventas de títulos recién emitidos, a los compradores originales. (http/www.businesscol.com).

Mercados Secundarios: Mercado en donde se transan valores o títulos que ya han estado en posesión de otros. (http/www.businesscol.com).

PARTE II ASPECTOS TEÓRICOS

2.1 ANTECEDENTES DE LA INVESTIGACIÓN

Para la comprensión de este tema se indagó en diferentes fuentes de información e inclusive diversos tipos de trabajos los cuales se nombran a continuación:

Maylix, Brianto Contreras, (Junio 2010) Banco central de Venezuela; ¨Mercado de Capitales y crecimiento económico: caso Venezuela¨ en su serie de Documentos de Trabajo Gerencia de Investigaciones Económicas, explica que el crecimiento económico debe concebirse como la meta primordial de los países. Ya que el mercado de capitales es un medio para canalizar recursos de agentes superavitarios hacia otros cuya posición es deficitaria, para que estos últimos realicen proyectos y/o a fin que la inversión se convierta en un factor determinante del crecimiento económico mediante el diseño de un modelo de regresión lineal múltiple.

Las variables incluidas en el modelo son las más representativas de la Bolsa de Valores de Caracas (BVC): Índice de Capitalización Bursátil Caracas (IBC), capitalización bursátil (CB) y monto total negociado en renta fija (RFT) sobre el PIB (Producto Interno Bruto) no petrolero en términos reales para el periodo 1985-2010 con frecuencia trimestral.

Bellanger, Elsy (octubre 2009) en su tesis que estudia ˙El Mercado Permuta de Títulos Valores˝. Un mecanismo de acceso a las divisas en Venezuela, bajo una política de control cambiario comprendido entre los años 2003 y 2009. Donde hace mucha referencia a los tipos de mercados y desarrollando una amplia explicación del Mercado de Capitales Venezolano.

2.2 SURGIMIENTO Y EVOLUCIÓN DEL MERCADO DE CAPITALES EN VENEZUELA

En este país el funcionamiento del Mercado de Capital lo inician dos comerciantes de la ciudad Santiago de León de Caracas en el año de 1805, estos fueron Bruno Abasalo y Don Fernando Key Muños crearon la primera casa de bolsa en esta nación, luego se pasa por un largo proceso de pre y pos independentista, hasta que se inaugura el Capitolio Nacional quien es la actual Asamblea Nacional en 1873 para ese entonces el Presidente era Guzmán Blanco quien preside a que se realizaran todas las reuniones y negocios en ese lugar y allí se concentraron durante 74 años, es decir, hasta los principios de 1947.

El 21 de Enero de 1947 fue inscrita en el Registro Mercantil la Compañía Anónima Bolsa de Comercio de Caracas. El 21 de Abril de ese mismo año se llevó a cabo, en un local ubicado en la antigua sede del Banco Central de Venezuela, la primera rueda de transacciones con 22 corredores autorizados, 18 emisiones de acciones y 6 emisiones de bonos del gobierno (títulos de la deuda pública).

En 1958 cuando cae el Gobierno de Marcos Antonio Pérez Jiménez, el mercado tuvo un descenso en sus operaciones debido a que los inversionistas no se sentían seguros de seguir con dichas inversiones ya que no estaban ofreciendo suficientes garantías, lo que ocasiono una fuga de dinero al exterior pues ofrecían mejores tasas de rendimiento que en el país.

En 1964 el Banco Interamericano de Desarrollo toma la iniciativa de reunir Personalidades del sector privado con el fin de fortalecer e impulsar nuevamente el Mercado de Capital en América Latina siendo la meta principal acelerar el desarrollo económico.

En 1973 es aprobada la primera Ley de Mercado de Capitales. Se establecen normas para la intermediación bursátil, al igual que mecanismos de protección y vigilancia al oferente de acciones u obligaciones, al corredor de bolsa y al inversionista. Se contempla además, mediante este instrumento, la Comisión Nacional de Valores, adscrita al Ministerio de Hacienda y responsable de la supervisión del mercado. Esta ley fue modificada el 22 de mayo de 1975.

(http/www.eumed.net/cursecon/ecolat/v e/2006/orgc-12c.htm)

En 1990 se puede decir que fue uno de los mejores años de este mercado, ya que el plan macroeconómico encabezado por el Ministro de Cordiplan, para aquel entonces el Dr. Miguel Rodríguez dio resultados nunca antes visto. Con un volumen bursátil bastante alto, ya fue mencionado en el planteamiento del problema.

En 1991 se da inicio a un programa de modernización de la Bolsa de Valores de Caracas que abarca diversos aspectos, incluyendo la mudanza a la actual sede de la Urbanización El Rosal.

En 1992 se inaugura un moderno sistema electrónico de negociación desarrollado por la Bolsa de Valores de Vancouver (Canadá) y la empresa TCAM. Es así como el sistema S.A. T. B., (Sistema Automatizado de Transacciones Bursátiles), comenzó a operar, permitiendo realizar mayor cantidad de operaciones en menor tiempo, lo que optimizó el rendimiento

17

del mercado.

En ese mismo año el país sufre una delicada situación política y los niveles de la tasa de interés eran muy altos, lo que llevó a los tenedores de acciones a optar por una nueva recomposición de su cartera a favor de activos en moneda extranjera y/o moneda nacional pero con poco rendimiento. Aunado a esto el control de cambio y el Impuesto al Débito Bancario sufrieron cambios siendo protagonistas en la crisis financiera del año 1994, la más costosa en los términos del Producto Interno Bruto de la historia, afectando negativamente las negociaciones de la bolsa y el Índice Bursátil de Caracas creció tan solo un 3,93% en promedio durante esos años.

En 1995 se recupera un poco la economía del país, reactivándose el Mercado Bursátil debido a la incorporación de los bonos Brady´s que son los títulos de negociación de la deuda externa emitidos en dólares, que representaron el 88% del monto total de las transacciones en la Bolsa de Valores de Caracas. Con esto se constituyo el mecanismo por el cual los agentes económicos logran suplir los requerimientos de divisas antes la restricción de cambio referido.

También se comenzó a desarrollar los Fondos Mutuales. Durante los dos años siguientes se inicia un programa de colocación en el mercado internacional de valores venezolanos a través de ADR´s y ADS´s que, de acuerdo a lo percibido por los inversionistas, los precios de las acciones en Venezuela se encontraban por debajo de su valor real, incrementaron las operaciones con Título de Renta Variable privados en un 198,36% puntual.

Para 1998 nuevamente el mercado se ve afectado por el mal desempeño de la economía interna, por la caída de los precios del petróleo y la incertidumbre del proceso electoral. La crisis financiera que ocurre en los mercados de Asia, Rusia y Brasil elevó la percepción de riesgo de los mercados emergentes y provocaron el retiro de inversionistas extranjeros de la bolsa, provocando una reducción de capitalización del mercado en un 41,75%.

En el año de 1999 el Impuesto al Débito Bancario encareció la intermediación bursátil local y la capitalización aumentó un poco en 13,17% al final de ese año.

Durante el periodo 2000 y 2002 debido a la elevación en cuanto a las Ofertas Públicas de Adquisición de Acciones (OPA), la exención de la BVC del IDB, la incorporación en la BVC de los Vebonos (modalidad de bonos de la deuda pública venezolana) y la colocación primaria de Papeles Comerciales y Obligaciones, reactivan el Mercado de Renta Fija y Variable.

En el 2003 el aumento de las operaciones en Vebonos y Papeles Comerciales ante la restricción que impuso el Convenio cambiario N#2 de adquirir bonos Brady's Globales reanuda la negociación en Renta Variable. A partir del mes de mayo los inversionistas corroboran que la compra venta de acciones en la CANTV que emiten y negocian ADR´s en la Bolsa de Nueva York, no fue suspendida en el mercado local, crece la demanda de acciones de esta empresa, que se convierte en un acceso de obtención de moneda extranjera. (http/www.bcv.org.ve)

Los montos de las transacciones de la BVC fueron positivos se creía que la rentabilidad de la Bolsa iba a aumentar y las perspectivas del crecimiento económico se desarrollaría en gran manera. Según la Comisión Nacional de valores en junio del 2005, el Mercado de Capitales Venezolano estaba integrado por los siguientes intermediarios participantes: Corredores públicos (370), Asesores de inversión (163) Bolsa de Valores (2), Sociedades de Corretaje (27), Casas de Bolsa (43), Caja Venezolana de Valores (1), Sociedades Calificadoras de Riesgo (11) y Agentes de Traspaso (18).

Luego de las expectativas positivas del 2006 se convirtió en el 2007 en un escenario de la estatificación de la

CANTV y de la Electricidad de Caracas (EDC) prácticamente se retiran del mercado de acciones de estas compañías, líderes del mercado. Los montos transados en renta variable cayeron en un 67,85% al cierre. La nacionalización del CEMEX y Sidor, así como la colocación de bonos públicos denominados en moneda extranjera los más atractivos para los inversionistas, nuevamente caen en los índices de la Bolsa y su capitalización bursátil termina con un 38,66% por debajo en el 2008. Para el 2009 los inversionistas se exacerban reflejando una baja en el IBC de 15,17%.

A finales del primer trimestre del año 2010 las cifras siguian en rojo, ya que no se realizaban las emisiones de bonos en dólares del BVC y por la prohibición a las Casas de Bolsas a realizar operaciones con mutuos, inclusive las ofertas públicas de acciones y bonos privados acumulada para ese periodo era de 0 Bs.

Según información suministrada por Veneconomía, en unos de sus volúmenes comentan que Venezuela para el 2011 se encontraba con un mercado de capitales derrumbado, debido a los cambios hechos por el Gobierno como por ejemplo, al cierre de empresas privadas y como ya habíamos comentado la nacionalización de otras, cuyas acciones eran de mayor actividad en la bolsa, cuando quitó a 47 empresas bursátiles del ruedo culpándolos por el alza del dólar permuta esto fue para el año 2009 cuando las empezó a liquidar, el cambio de las nuevas leyes han cercenado la actuación de los actores del sistema, al establecer mayores condiciones y controles tanto para la banca como para los corredores, ellos mencionan que todo esto ha tomado poco atractiva la participación en el mercado bursátil y que va en vías de extinción.(http/www.veneconomiamensu al/mayode2011). Vol. 28 no8.

Según un informe hecho por Aida Lamux Valero, ex presidenta de la Comisión Nacional de Valores (actual Superintendencia Nacional de Valores) el 21 de marzo del 2011, dice que; el volumen de las operaciones con instrumento de renta fija cayeron 65% en el 2010, con respecto al 2009.

Siendo la reducción de las negociaciones con instrumento de renta variable 98,3% y cerrando el índice de Capitalización Bursátil en 2010 en 38,3%, en comparación al 57% de 2009. De acuerdo a Lamux, el índice Financiero (de precios) finalizó 2010 en 29,1% y el índice Industrial en 64,5% mientras que en el 2009 había sido de 60,4% y 53,2%, respectivamente. Las nuevas regulaciones como la reforma de la Ley de Ilícitos Cambiarios, en mayo del 2010, se prohibieron las operaciones de compra venta de bonos denominados en dólares como mecanismo para convertir bolívares en dólares y viceversa siendo así que se les prohibió a las empresas del sector la intermediación y tenencia de bonos de deuda pública.

En la actualidad son los bancos que tienen la facultad de intermediación de los títulos valores de deuda pública, pero no interactúan directamente con los mercados extranjeros, anteriormente la casa de bolsa lo hacía de esta forma para agilizar los portafolios de inversión, ahora negocian con el Banco Central de Venezuela tal como la exige la nueva Ley, dando como resultado una caída a su actividad.

Otra reforma fue la nueva Ley del Mercado de Valores aprobada en agosto del 2010 derogando a la Ley del Mercado de Capitales, al mismo tiempo se creó la Superintendencia Nacional de Valores (Sunaval), el nuevo ente regulador facultado para dictar las normativas técnicas que aplica el mercado de capitales y las que sean necesarias.

Según Veneconomia en una entrevista realizada a varios directores de las bolsas Intervenidas en el país coinciden en su opinión que las nuevas reglas y cambios hacen poco atractivo el mercado de capitales en Venezuela, no solo porque la actividad ya no es rentable, sino porque se plantea condiciones difíciles de aceptar.

Una de las condiciones establecidas es que los administradores tienen que responder personalmente por lo que ocurra en la bolsa es decir, que deben responder por el patrimonio personal si se diera el caso y también se introducen altos costos en todas las operaciones. Unos de los cambios hechos en la Ley son: 1) que la figura tradicional de "corredor" paso a ser "operador de valores autorizados", lo que denota la intención de mayor control en el sistema. 2) que las sanciones en caso de incumplimiento u omisión, van desde 5 mil UT a 100 mil UT, con condenas hasta de dos años de prisión e inhabilitaciones, según sea la gravedad del caso.

Se estableció que todos los autorizados para hacer oferta pública de acciones deben pagar una contribución anual de 1,5% del valor de la emisión, las bolsas de valores o de productos e insumos agrícolas deban cancelar 1% por las transacciones de ventas que hagan. Esto es considerado por algunos sectores porcentajes excesivos. El presidente de la Bolsa de Valores, presentó unas propuestas a Sunaval para que nuevamente se permita al sector negociar con los papeles de deuda y que se reconsidere la valuación de tarifas.

La última emisión de bonos que publicó el Gobierno elevó el cupón a 12, 7% y el bono se negocio inicialmente con un rendimiento a vencimiento del 18% y el Ministro de Planificación y Finanzas Jorge Giordani comunicó que los recursos que obtengan las empresas que coticen en la Bolsa Bicentenaria serán invertidos en actividades productivas. En los inicios de esta Bolsa se realizaron operaciones con título no accionariales de las empresas privadas Envases Venezolanos y Toyota Servicios.
(http/www.veneconomiamensual/mayod e2011). Vol. 28 no8.

2.3 MERCADO DE CAPITALES Y LOS PRODUCTOS QUE OFRECEN

El mercado de capitales es el conjunto de mecanismos a disposición de una economía para cumplir la función básica de asignación y distribución en el tiempo, en el espacio, de los recursos de capital (aquellos de mediano y largo plazo destinados a financiar la inversión, por oposición a los recursos de corto plazo que constituyen el objeto del mercado monetario), así como; los riesgos, el control y la información asociados con los procesos de transferencia del ahorro a la inversión.

Es decir, el Mercado de Capitales como cualquier otro mercado financiero, se desempeña como una vía al ahorro, con el objeto de ofrecer un rendimiento a los inversionistas. Este mercado representa para las empresas una fuente de financiamiento para obtener fondos para su actividad económica.

2.3.1 Funcionamiento del Mercado de Capitales en Venezuela

El Gobierno Venezolano, las empresas privadas, organismos internacionales, gobiernos o instituciones extranjeras interesados en obtener fondos para financiar sus necesidades de capital si así lo deseen y sean autorizados por el Ministerio de Hacienda, deberán:

- Solicitar a la Comisión Nacional de Valores (CNV) la autorización respectiva para hacer la oferta pública de sus acciones y otros títulos valores solicitando a estas empresas la información pertinente para la protección del inversionista a su vez se establecerán las normas correspondientes.
- La solicitud será resuelta dentro de los treinta días siguientes a su presentación, salvo prorroga de la misma Comisión no superiores de treinta días, que al no tener respuesta se considerará autorizada.
- Aprobada la autorización, se inscribe la emisión en el Registro Nacional de Valores, que certifique que se han cumplido las disposiciones legales correspondientes.
- Dentro de los tres primeros meses siguientes al registro, las empresas deberán iniciar la oferta pública de los títulos valores, incluyendo los que la CNV considere susceptible para ser ofertados públicamente, las obligaciones en títulos no deben ser

mayores de 1,5 veces del capital pagado por la empresa emisora.

- Luego de esto se genera un número de operación, se debe elaborar una solicitud de traspaso una de compra y otra de venta, para cada operación que recaiga sobre las acciones que sean objeto de oferta pública.

- El intermediario debe asegurarse que su cliente posea las acciones para la posibilidad de venta e igualmente deberá remitir la solicitud de venta a la Bolsa dentro del plazo comprendido dentro de la fecha de transacción y el día de la liquidación.

- Lista la liquidación de la operación, el comprador le envía al agente de traspaso o de empresa emisora los recaudos necesarios para inscribir a sus clientes dentro en el libro de accionista.

2.3.2 Objetivos del Mercado de Capitales

- Facilita la transferencia de recursos de los ahorradores o agentes con exceso de liquidez a inversiones en el sector productivo de la economía.

- Asigna de forma eficiente los recursos a la financiación de empresas del sector productivo.

- Reduce los costos de selección y asignación de recursos a actividades productivas, concediéndole rapidez y soluciones inmediatas a las disyuntivas financieras que algún participante pueda tener.

- Posibilita la diversificación del riesgo para los agentes participantes.

- Ofrece una amplia variedad de productos con diferentes características (plazo, riesgo y rendimiento) de acuerdo con las necesidades de la inversión o financiación de los agentes participantes del mercado.

2.3.3 Funciones Económicas del Mercado de Capitales

Un Mercado de Capitales bien organizado cumple con funciones económicas de gran importancia para que haya eficiencia en el proceso de ahorro e inversión y son las siguientes:

a) Proveer la liquidez al tenedor de los activos financieros. En efecto la liquidez del Mercado de Capitales es la que permite al accionista de una empresa vender sus acciones con la expectativa que encontrará individuos o empresas que compren dichas acciones a un precio justo que se fijará en base a la oferta y la demanda, también dependerá de la información de que la empresa emisora suministre en el mercado y la liquidez tiende hacer mayor a la medida que haya más participantes y el volumen de instrumentos negociados esto se logra en la Bolsa de Valores o a través de operaciones de compra venta en el mercado abierto. La liquidez de los títulos facilita la dispersión del riesgo, amplia las opciones de inversión y aumenta la flexibilidad para todos los participantes.

b) Reducir los costos transaccionales en el intercambio de los activos financieros en el que se debe incurrir todo participante del mercado de capitales; los costos podrían ser bastantes onerosos a la hora de que los intercambios de activos de compra venta tuvieran que hacerse por vía individual.

c) Informa de manera rápida acerca del valor de las empresas, a través del precio al cual se cotiza y negocia las acciones en la Bolsa de Valores. El precio de la acción en última instancia refleja las decisiones razonables de una multiplicidad de compradores y vendedores de acciones, quienes basan sus decisiones en cuanto a la información que la empresa está obligada a presentar y en sus expectativas sobre la evolución de la economía en general, el mercado de los productos y servicios de la empresa emisora de las acciones y los resultados que ésta va a obtener. La calidad de la información suministrada aminora los costos en que debe incurrir el inversionista para formarse una idea de retorno futuro de los activos financieros, permitiendo la planificación y ejecución de las operaciones de compra venta destinadas a salvaguardar la integridad del capital aportado.

2.3.4 Elementos del Mercado de Capitales

Son los siguientes:

La Comisión Nacional de Valores es el organismo que tiene como función y objetivos la promoción, regulación, vigilancia y supervisión del mercado de capitales, con personalidad jurídica, y patrimonio propio e independientemente del Fisco Nacional, está adscrita al Ministerio de Finanzas, a los efectos de la tutela administrativa (artículo 2 de la Ley de Mercado de Capitales).

Cajas de valores es el sistema de compensación y liquidación de valores que provee simultáneamente un intercambio de valores y efectivo en la fecha acordada para liquidar. En la fecha de liquidación, los valores se transfieren de la cuenta del vendedor a la cuenta de valores del comprador. Mediante este sistema no se tiene lugar ningún movimiento físico de valores o sumas de efectivo. Esta entidad facilita la transferencia de fondos y de valores de depósitos por las personas naturales o jurídicas que participan activamente en el mercado de valores, otorgándoles a éstas la seguridad jurídica en la ejecución de las operaciones pautadas, a su vez permite inmovilizar físicamente los valores, y así minimizar los riesgos de robo, extravió, fiscalización, entre otros.

Bolsa de valores es el mercado secundario oficial, ya que en ellos intervienen los inversionistas aportando sus capitales para la compra de títulos, como las acciones y bonos, ya emitidos por las empresas privadas o por el sector público, es decir, es una reventa de los títulos valores adquiridos previamente con el fin de rescatar los recursos financieros, retirar las utilidades, diversificar su cartera o buscar mejores oportunidades de rentabilidad, riesgo o liquidez.(Art 86 de la Ley de Mercado de

Capitales.)

Entidades emisoras son las instituciones que colocan sus títulos valores en los mercados organizados para financiarse.

2.3.5 Intermediarios que Participan en el Mercado de Capitales en Venezuela

Los intermediarios que participan actualmente en el Mercado de Capitales en Venezuela son:

Corredor de Títulos Valores. El Corredor Público de Títulos Valores es definido en las Normas relativas a la Autorización de los Corredores Públicos de Títulos Valores en su artículo 1° como la persona natural o jurídica que tiene como objeto principal realizar operaciones de corretaje con valores, previa autorización de la Comisión Nacional de Valores para actuar como tal.

Sociedades de corretaje. Son organizaciones de carácter similar a las casas de bolsa y deben operar con un capital pagado en dinero efectivo no menor de doscientos millones de bolívares (Bs. 200.000.000,00). No obstante, la Comisión Nacional de Valores ordenará aumentos de capital, de acuerdo al volumen de operaciones y la presentación de garantías suficientes para la cobertura de los riesgos.

Casa de Bolsa. Sociedad o casa de corretaje autorizada por la Comisión Nacional de Valores para realizar todas aquellas actividades de intermediación de títulos valores y actividades conexas. Cuando una sociedad de corretaje es admitida en una bolsa de valores puede emplear la denominación casa de bolsa. A la Bolsa de Valores de Caracas pertenecen 63 casas de bolsa, siendo cada una propietaria de una acción y habiendo sido aprobado su ingreso como miembro por la institución.

Asesores de Inversión. Tal y como lo señala el artículo 84 de Ley de Mercados de Capitales, las personas que pretendan realizar o ejercer habitualmente funciones de accesoria para la adquisición de valores extranjeros, o que sirvan de contacto directo o indirecto con intermediarios financieros o corredores públicos de valores que operen en el exterior, deberán obtener la respectiva autorización de la Comisión Nacional de Valores, la cual establecerá las normas para su inscripción con la finalidad de realizar dichas actividades en el país.

Deberán igualmente enviar a la Comisión copia de todo el material que dirijan a sus clientes. No podrán recibir directamente cantidades de dinero o cheques, pues tales operaciones deberán realizarse a través de los bancos del país.

La Bolsa de Valores. Según la Ley de Mercado de Capitales en su artículo 86, señala que: Son instituciones abiertas al público que tienen por objeto la prestación de todos los servicios necesarios para realizar en forma continua y ordenada las operaciones con títulos valores objeto de negociación en el mercado de capitales, con la finalidad de proporcionarles adecuada liquidez.

2.4 LA BOLSA DE VALORES 2.4.1 Concepto

Son sociedades anónimas que pueden ser de capital variable y que requieren autorización de la Secretaria de Hacienda y Crédito Público para llevar a cabo operaciones de correduría, de comisión y otras tendientes a poner en contacto la oferta y demanda de valores, así como administrar y manejar carteras de valores propiedad de terceros.

Según (José Sánchez 2001), la bolsa es un mercado de valores, y por tanto es un mercado financiero, en donde se transan acciones, obligaciones, y demás activos financieros (p.125). Lo que plantea el autor José Sánchez en su libro Curso de Bolsa y Mercados Financieros (2001), la bolsa se define como uno de los mercados financieros en que se contratan (se compran o venden) acciones obligaciones y demás activos financieros.

2.4.2 Funciones de la Bolsa de Valores en el Mercado de Capitales

1. Canalización del ahorro: conduciendo el ahorro desde el público hacia las instituciones públicas o privadas que lo requieran, cuando éstas emiten títulos de renta fija (fondos públicos y obligaciones). En este caso, la Bolsa fija una cotización con base en la utilidad o beneficio que se obtenga, además de asegurar la conversión del título en efectivo cuando el tenedor lo disponga, por cuanto es función de aquélla lograr la máxima liquidez de las inversiones realizadas, siempre que existan un mercado diverso, continuidad y concentración de las operaciones.

2. Promover la inversión: éste es su objetivo económico principal. Hacia ella se dirige las empresas que requieren capital, cuyos títulos son ofrecidos por aquélla, logrando que el ahorrista se convierta en socio y la utilización del dinero ocioso en actividades productivas.

3. Promover la demanda y oferta de títulos: ofrece títulos valores de alta liquidez, que al ser reconocido por la institución se harán de interés para el público. Por el lado de la oferta, su velocidad dependerá de la intensidad de enlace entre los mercados primario y secundario. Así mismo, las bolsas pueden crear vías para canalizar los medios financieros a las inversiones juzgadas como prioritarias o más productivas.

4. Informar y formar con objetividad: permite determinar indirectamente a través del valor de las acciones el valor de las empresas (el valor bursátil de éstas equivale al producto del valor de cada acción en la bolsa por el número que de ellas están en circulación). Así mismo, informa a los participantes con relación a la situación del mercado, datos sobre el movimiento, riesgos en que pueden incurrir los participantes y oportunidades de liquidación. Proporciona información general indispensable sobre las empresas inscritas en la bolsa, y divulga de forma

rápida y oportuna las cotizaciones de los valores y los precios a los que se han efectuado las operaciones.

5. Cumple también la bolsa una función social, la cual es la democratización del capital. Brinda al público las facilidades para realizar de forma ordenada las operaciones con títulos valores. Finalmente, tiene una función jurídica, al regular la actuación de los corredores.

6. Además, vela continuamente porque se mantengan los más altos niveles de equidad y probidad moral en las prácticas y negocios bursátiles en que intervengan sus miembros. La Bolsa de Valores cumple un papel muy importante que es el indicador de la economía. El Mercado de Capitales, con sus oscilaciones, se suele utilizar como el indicador de la evolución que está siguiendo la economía. Entonces si el objetivo del mercado de capitales es fomentar el desarrollo, la Bolsa de Valores facilita a las empresas e interesados el acceso a los capitales que requieran a más bajos costos.

2.4.3 Negociaciones que realiza la Bolsa

En la Bolsa de Valores de Caracas se negocian los títulos tanto de empresas privadas previamente autorizados por la Comisión Nacional de Valores como los títulos emitidos por el Estado a través de la Tesorería Nacional o del Banco Central de Venezuela. Actualmente se observa que los corredores asisten a la rueda por medio del uso de los medios electrónicos y modernos enlaces de telecomunicaciones Un "correo virtual" se cumple mediante la utilización del Sistema Integrado Bursátil Electrónico (SIBE) y el protocolo de comunicaciones frame relay.

Es de gran satisfacción contar con un conjunto de tecnologías puestas al servicio del mercado y una amplia red de estaciones de trabajo computarizadas que se localizan en oficinas ubicadas en diversas oficina y locales de las casas de bolsa, proveen a los intermediarios participantes comunicación "en línea", en tiempo real, con los demás corredores.

La relación entre el corredor y el inversionista está basada en la confianza.

El interesado en comprar o vender títulos inscritos debe acudir a una casa de bolsa miembro de la Bolsa de Valores de Caracas donde se le atiende en base a sus necesidades, montos de acciones y de dinero y modalidad de operación escogida (a corto o largo plazo). Una vez definida la compra o la venta, el corredor debe ejecutar fielmente las instrucciones de su representado y además está obligado a hacerlo en las mejores condiciones.

2.5 LA CASA DE BOLSA

2.5.1 Concepto

Son todas aquellas Sociedades y Casas de Corretaje debidamente autorizadas por la Comisión Nacional de Valores para llevar a cabo sus operaciones de intermediación de títulos valores y cuyas actividades que sean semejantes. Estas Sociedades de corretajes y Casas de bolsas deberán operar con un capital pagado en efectivo no menor de doscientos millones de bolívares (Bs 200.000.000,00). A su vez la Comisión Nacional de Valores ordenará aumentos de capital, de acuerdo al volumen de las operaciones y la presentación de garantías suficientes para la cobertura de los riesgos.

En todo caso, las Sociedades de Corretaje y las Casas de Bolsa facultadas por la Comisión Nacional de Valores para la realización de las operaciones establecidas en los artículos 79 y 80 de la Ley de Mercado de Capitales, deberán tener un capital pagado en dinero efectivo no menor de quinientos millones de bolívares (Bs. 500.000.000,00).

No obstante, si las casas de bolsa tienen su asiento fuera del área metropolitana y son calificadas por la Comisión Nacional de Valores como regionales, sólo se requerirá un capital pagado en efectivo no menor de doscientos cincuenta millones de bolívares (Bs. 250.000.000,00). Estos montos mínimos de capital en efectivo podrá la Comisión Nacional de Valores ordenar su aumento, más la presentación de garantías suficientes.

2.5.2 Funciones que deben cumplir estos Intermediarios

En la ley de Mercados de Capitales en su artículo 79 señala las funciones que deben cumplir los intermediarios, dice que: las casas de bolsa o sociedades de corretaje podrán realizar las operaciones de intermediación que son propias, siempre referida a la oferta pública de valores y debidamente autorizadas por la Comisión Nacional de Valores son las que siguen:

1. Garantizar total o parcialmente la colocación de emisiones de valores, tanto de colocaciones primarias como de redistribuciones masivas de valores ya emitidos
2. Operar o manejar fondos de liquidez de valores en calidad de especialistas;
3. Actuar por cuenta propia en forma de especialistas o como

sustentadores o estabilizadores en el mercado secundario.

4. Realizar operaciones de reporto, ya como reportadores y como reportados, en virtud de las cuales el reportado por una suma de dinero convenida, transfiere la propiedad de los valores de oferta pública al reportador, quien se obliga a transferir al reportado en un lapso igualmente convenido, la propiedad de otros valores de la misma especie o bien de los mismos, contra devolución del precio pagado, más un premio. El reporto debe celebrarse por escrito y se perfecciona con la entrega de los valores, cuando se trate de acciones, con el asiento en el libro de accionistas de la transferencia de dichos valores.

5. Financiar sus operaciones a través de la emisión de valores conforme a lo previsto en esta Ley;

6. Emitir participaciones sobre valores susceptibles de ser ofrecidos públicamente, con

sujeción a las normas que al efecto dicte la Comisión Nacional de Valores. Los que respalden tales participaciones, deberán permanecer en custodia de un agente debidamente autorizado.

7. Las demás actividades que la Comisión Nacional de Valores autorice en las normas que dicte al efecto.

2.6 TÍTULOS DE VALORES NEGOCIADOS POR LAS CASAS DE BOLSA

En el mercado bursátil existen instrumentos o productos que son negociados a través de la Casa de Bolsa, la cual tiene como objetivo realizar la intermediación entre el ente emisor y el receptor del título. En las transacciones existen dos modalidades de rentabilidad, siendo estas las de renta fija y renta variable, las cuales se describen a continuación:

Renta variable: se denomina renta variable porque la rentabilidad del título es variable y está sujeta al desempeño económico de la empresa emisora y del entorno económico.

Los valores de renta variable son:

Acción: Es un valor de carácter negociable, es una alícuota parte del capital de una empresa, quien posee una acción se convierte en propietario parcial de la compañía.

Las acciones; son el producto de renta variables por antonomasia y, quizás, el más conocido por los inversores en el mercado bursátil.

Las empresas tienen dividido su capital en acciones. Cuando una empresa cotiza en la Bolsa de Valores o Casas de Bolsas, sus acciones pueden negociarse en el mercado; los compradores y vendedores determinan el precio de las acciones. El resultado de multiplicar el precio de una acción por el número de acciones existentes da igual al valor bursátil o capitalización de una empresa, que es un criterio muy útil para determinar el valor real de dicha empresa.

La determinación del precio de las acciones de las empresas supone, en definitiva, a valoración que hace el mercado sobre las expectativas de las empresas que cotizan. Por este motivo, a la Bolsa se le considera como el "barómetro o indicador" de la economía. Dado que una acción es una parte proporcional del capital social de una empresa, el que la quiere se convierte copropietario de dicha empresa.

ADRs; Es un recibo negociable emitido en forma de certificados que representan un determinado número de acciones de empresas extranjeras que se negocian en los Estados Unidos.

Renta fija: Son valores cuya rentabilidad es constante en un tiempo determinado, es una deuda para el emisor. Las rentas fijas; son el producto donde los titulares (obligaciones, bonos, letras, etc.) se convierte en acreedores de la empresa que los emite. Efectivamente, la posición jurídica de ambos inversores es diferente. Mientras que los accionistas tienen derechos, entre otros, a voto y a participar en los beneficios de la empresa, los tenedores de renta fija tienen tres derechos fundamentales: percibir el interés periódico predeterminado, devolución del capital principal una vez finalizada la vida del producto y la transmisión del producto. La renta fija se clasifica en privada y en pública.

La renta fija privada son las obligaciones emitidas por las empresas privadas, entre ellas tenemos:

1. Papeles Comerciales: Son instrumentos de deuda, emitidos en masa por empresas, cuyo vencimiento a corto plazo, 360 días máximos.

2. Obligaciones: Son títulos valores de deuda, con vencimiento a largo plazo emitidos por instituciones privadas. Son partes alícuotas de una emisión realizada por una sociedad que confiere a sus titulares el derecho al cobro de intereses y a la devolución del principal en la fecha de amortización. Son productos de renta fija a largo plazo (habitualmente diez años o más).

3. Titularización de Activos: Son títulos de deuda a corto plazo que otorgan a los tenedores derechos sobre un activo subyacente. Activo

subyacente, es el activo que sirve de soporte o definición de un contrato, generalmente, son las cuentas por cobrar de las empresas que generan los flujos de fondos para cancelar los intereses y capital de los títulos de participación, asimismo tenemos: las notas de arrendamiento financiero, créditos al consumo a través de las tarjetas de crédito y otros créditos para la adquisición de carros, casas.

La renta fija pública, Son valores de deuda emitidos por el gobierno o instituciones públicas.

Los Bonos Públicos son instrumentos financieros respaldados por la República Bolivariana de Venezuela. Los Bonos son los instrumentos más conocidos y comercializados, por cuanto son más seguros que las obligaciones emitidas por empresas, pues no tienen riesgo de empresa ni de sector, sino solo riesgo del país. Los principales Bonos Públicos del Estado Venezolano en el mercado de valores son los siguientes:

1. **Letras del Tesoro**: Son títulos de deuda a corto plazo emitidos por el gobierno central, su vencimiento puede ser de tres, seis o doce meses. Estos títulosjunto con la deuda pública nacional son los más comunes, de mayor frecuencia y volumen de emisión.

2. **Bonos de Deuda Pública Nacional (DPN):** Son instrumentos emitidos por el Estado Venezolano para atender sus compromisos de pagos e inversión en el sector público, esto permite a que el Estado obtenga el capital requerido a través del ofrecimiento de un rendimiento competitivo que atraiga a posibles inversionistas que deseen canalizar sus ahorros a través de mercado.

3. **Bonos de Sur**: Estos bonos se llevaron a cabo a través de una emisión conjunta entre la República Bolivariana de Venezuela y la República de Argentina, integrado por tres instrumentos financieros en un solo título: TICC (Títulos de Intereses y Capital Abierto), BADEN 12 y

BODEN 15. Este tipo de instrumentos pueden ser negociados de manera separada posteriormente a su liquidación. Se han efectuado tres emisiones de este instrumento, la primera de ellas fue la de Bonos Sur I en noviembre del 2006 por monto de 1.000 millones de US$, la segunda emisión Bonos Sur II en febrero del 2007 por una cantidad de 1.500 millones de dólares y la última emisión Bonos Sur III por 1.500 millones de dólares en agosto del 2007.

4. **Bonos Soberanos:** La República Bolivariana de Venezuela para el año 2004 realizo una emisión de bonos soberanos, denominados y pagados en olivares al tipo de cambio y su vencimiento fue en el año 2011 cuya emisión fue por un monto de 1.000 millones de US$, con cupones trimestrales calculados a tasa Labor más 1%. Luego se realiza una nueva emisión de Bonos Soberanos con un vencimiento para el año 2016 y en el año 2020. Esta segunda emisión llamada Oferta Combinada, la

República ofreció al mercado local un combo constituido por dos nuevos bonos, denominados en dólares

5. **Bonos Globales**: En el 2004 en Gobierno anuncio una emisión de bonos denominados en US$, con un rendimiento que se ubicaría entre 10,125% y 10,120% más de tres puntos por encima de la tasa Libor promedio. Fueron emitidos por primera vez en 1997 es uno de los primeros títulos venezolanos con vencimiento a 30 años. Sin embargo para aquel entonces se trataba de una operación de refinanciamiento de deudas y valores a vencerse, en tanto que en la emisión del 2004 tenía como propósito la obtención de dinero nuevo.

6. **Bonos de PDVSA:** Esta oferta comprendía la venta conjunta de Bonos 2017, Bono 2027 y el Bono 2037 en las siguientes proporciones 40%, 40% y 20% respectivamente.

7. **Bonos Venezolanos:** Estas emisiones se caracterizaron por una oferta combinada en su primera emisión se negociaron 1.650 millones de dólares, mientras que la segunda que fue en noviembre del 2007 y se colocaron 849 millones de dólares la cual estuvo comprendido de los siguientes instrumentos: Bonos Internacional, VEBONO052013, VEBONO052014. Lo peculiar de estas emisiones es que su adjudicación estuvo atada a un proceso de subasta.

8. **Vebonos**: Son instrumentos emitidos por el Estado Venezolano para atender sus compromisos de pago e inversión en el sector público, específicamente para pagar la deuda contraída a los profesores universitarios, financiándola a través de este tipo de instrumentos

9. **Bonos Brady:** Consisten en una serie de bonos soberanos denominados en dólares y emitidos por varios países emergentes a principios de los años

ochenta y noventa como parte de un cambio de los préstamos bancarios que habían recibido anteriormente

10. **Bonos Cero Cupón:** Estos títulos prometían pagar una cantidad única a su vencimiento, no pagando intereses durante su plazo de emisión.

2.7 MARCO LEGAL DEL MERCADO DE CAPITALES

En Venezuela el marco jurídico está integrado por un conjunto de normas que regulan el mercado de capitales a nivel nacional, el cual esta conformado por:

Ley de Mercado de Capitales

Es el instrumento legal que regula la oferta pública de valores, cualquiera que éstos sean, estableciendo a tal fin los principios de organización y funcionamiento, las normas rectoras de la actividad de cuantos sujetos y entidades intervienen en ellos y su régimen de control, es decir que esta ley, se basa en regular la oferta pública de acciones y de otros títulos valores de mediano y largo plazo, al igual que la actuación de las bolsas de valores, intermediarios y otras entidades. Se exceptúa del ámbito de aplicación de esta Ley, los títulos de Deuda Pública y los de Crédito, emitidos conforme a la Ley del Banco Central de Venezuela, la Ley General de Bancos y otras Instituciones Financieras y la Ley

Nacional del Sistema de Ahorro y Préstamo.(Art 1 del capítulo I Disposiciones Generales)

Actualmente esta ley fue derogada por la Asamblea Nacional y está en vigencia la Ley de Mercado de Valores, instrumento que ordena y supervisa el mercado de valores en Venezuela, y adopta un conjunto de normas que responden a las exigencias de la supervisión y regulación de este sector.

La Comisión Nacional de Valores

La CNV fue creada por la Ley de Mercado de Capitales el 16 de mayo de 1973 y posteriormente modificada en los años 1975 y 1998.

La Superintendencia Nacional de Valores, (SNV), antes Comisión Nacional de Valores (CNV) es un organismo público, facultado por ley que tiene como objetivo la regulación, vigilancia, supervisión y promoción del mercado de capitales en nuestro país. La Superintendencia Nacional de Valores tiene personalidad jurídica y patrimonio propio e independiente del fisco nacional; está adscrita al Ministerio del Poder Popular con competencia en la materia de finanzas al sólo efecto de la tutela administrativa; y gozará de las franquicias, privilegios y exenciones de orden fiscal, tributario y procesal que las leyes de la República otorgan al fisco nacional.

Según la Ley de Mercado de Capitales vigente en nuestro país, La Comisión Nacional de Valores está integrada por un (1) presidente, cuatro (4) directores y un (1) secretario ejecutivo quienes conforman El Registro Nacional de Valores.

Personas e instituciones sometidas al control de la C.N.V.

Según artículo 68 de la Ley de Mercado de Capitales:

- Las Sociedades Anónimas de Capital autorizado (SACA): Son aquellos cuyo capital suscrito puede ser inferior al capital autorizado por sus estatutos sociales, y en los cuales la asamblea de accionistas autoriza a los administradores para que aumenten el capital suscrito hasta el límite del capital autorizado mediante la emisión de nuevas acciones.

- Las Sociedades Anónimas Inscritas de Capital Abierto (SAICA): Son aquellas sociedades anónimas que sean autorizadas para actuar como tales por la CNV, que tengan un capital pagado no menor de un millón de Bolívares (Bs. 1.000.000.00), respetando en acciones comunes nominativos que tengan el mismo valor nominal y que no menos de 50% del Capital Social que este en poder de un grupo de accionistas cuya inversión calculada al valor nominal no sea inferior a dos mil Bolívares (Bs. 2.000.00).
- Casas de Corretaje.
- Los fondos Mutuales de Inversión. Son aquellas sociedades que tienen por objeto la inversión en títulos valores con arreglo al principio de la

distribución de riesgo, sin que dichas inversiones representen una participación mayoritaria en el capital social de la sociedad en la cual se invierte, ni permitan su control económico o financiero.

- Las Sociedades Administrativas de Fondos Mutuales de Inversión: su objeto es administrar el patrimonio de los fondos mutuales de inversión y representar a los mismos de acuerdo al contrato de administración que celebren al respecto. Dicho contrato deberá ser aprobado previamente por la C.N.V.

- Intermediaciones y asesores de inversión.
- Cámara de Compensación de opciones y futuros.
- Los agentes de Traspaso: su designación es autorizada expresamente por la asamblea de accionistas, y su finalidad es llevar los libros de accionistas o emitir certificados de acciones provisionales o definitivas; en la

forma descrita por el código de comercio.

- Cajas de Valores.
- Sociedades calificadoras de riesgo.

- Los corredores Públicos de Títulos valores, otros intermediarios y asesores. Todas estas personas deberán obtener autorización para realizar las actividades propias de su objeto de interés. **Ley de Cajas de Valores** Establece el marco regulatorio de los servicios de depósito y custodia de títulos valores, en la cual, por vía de consecuencia, se facilita la inmovilización física de los mencionados títulos. Entra en vigencia el 13 de agosto de 1996. Gaceta Oficial de la República de Venezuela, N° 36.020. **Ley de Entidades de Inversiones Colectivas** Tiene por objeto general fomentar el desarrollo del mercado de capitales venezolano, a través del diseño y creación de una variedad de entidades de inversión colectiva, para canalizar el ahorro hacia inversión productiva. Esta ley entró en vigencia el jueves 22 de agosto de 1996. Gaceta Oficial de la República de Venezuela, N° 36.027.

Leyes Especiales

Esta ley Autoriza al Ejecutivo Nacional para realizar operaciones de crédito público destinadas a refinanciar deuda pública externa, publicada en la Gaceta Oficial de la República de Venezuela N° 34.558, en fecha 21 de Septiembre de 1990, así como el Decreto No.1.317, mediante el cual se procede a emitir Bonos de la Deuda Pública Nacional, denominados Bonos a la Par, por un monto equivalente a siete mil cuatrocientos noventa millones de dólares, publicado en la Gaceta Oficial de la República de Venezuela N° 34.607 en fecha 3 de Diciembre de 1990.

Ley del Banco Central de Venezuela

Regula el funcionamiento del Banco Central de Venezuela y contiene normas que afectan la negociación de títulos valores en el mercado de valores venezolano.

Ley de Impuesto Sobre la Renta

Y su Reglamento Parcial en Materia de Retenciones, en lo que concierne a los gravámenes de enriquecimientos o ingresos brutos originados de las operaciones efectuadas en el mercado de capitales. Estas leyes conforman el marco legal del mercado venezolano de capitales, en tanto gravan los enriquecimientos o ingresos brutos originados de las operaciones efectuadas en este mercado.

Normas para la Elaboración de los Estados Financieros de las Entidades Sometidas al Control de la Comisión Nacional de Valores

La Comisión Nacional de Valores en uso de las atribuciones que le confieren el numeral 9 del artículo 9 y el artículo 32 de la Ley de Mercado de Capitales estableces estas normas.

2.8 MERCADO DE CAPITALES A FUTURO

Con la fe puesta en la expansión del mercado de capitales venezolano se han originado en las últimas décadas expectativas optimistas en cuanto a la maximización de las oportunidades para acceder a interesantes opciones de inversión.

El mercado de capitales venezolano, desde principios de los años noventa, ha presentado un crecimiento y desarrollo, al mismo tiempo, que prácticamente ha sido inalcanzable para otras bolsas del mundo. Hay una oferta de mayor crecimiento de compañías que quieren participar cada día más en nuestra Bolsa de Caracas, como bancos, empresas industriales, empresas de energía y hasta comerciales.

En este sentido, las apuestas se dirigen no solo al aprovechamiento de las emisiones de bonos que el Estado emite, sino también a impulsar una mayor participación de las Pymes como financistas e inversionistas y poder verlas en acción en la Bolsa de Valores de Caracas como una clara señal de la voluntad de crecer con la economía venezolana bajo condiciones de transparencia y mayor democratización en el proceso de captación de capitales.

No obstante, los resultados esperados merecen un profundo análisis de la situación actual de la estructura, marco legal y condiciones relacionadas al mercado de capitales.

Las acciones que se encaminen a conceptualizar, definir e implementar los cambios en el mercado de capitales venezolanos, debe pasar entonces, por un profundo proceso de análisis de las condiciones actuales a fines de detectar las principales limitaciones que podrían encontrar las Pymes para convertirse en inversionistas y/o financistas, por lo cual, el trabajo no es solo de la bolsa de valores, también pasa por involucrar a todos los actores que participan en el sistema: Ministerio de Finanzas, Comisión Nacional de Valores, bolsas, calificadoras de riesgo, fondos mutuales, etc.

Para generar crecimiento económico en nuestro país, se deben asegurar condiciones mínimas dentro del mercado financiero, dándole robustez, con profundidad, liquidez y un conjunto de reglas claras para su funcionamiento. También es necesario promover desde el gobierno, los mercados de capitales con instrumentos y normas que ayuden a la formación del ahorro.

La regulación debe tener como finalidad primaria el proteger a los inversionistas, garantizar el funcionamiento como depósitos de valores, asegurar que los mercados sean imparciales, equitativos, eficientes y transparentes; y reducir

el riesgo sistémico. Se espera que entre estos últimos años se reactiven las actividades en el mercado, pero aún hay cosas por hacer.

Los sistemas de bolsas de valores, al día

de hoy, funcionan mediante métodos de pronóstico los cuales permiten a las corporaciones o a los inversionistas tener un marco de cómo se comportará el mercado en el futuro y por ende tomar buenas decisiones de cartera. Estos sistemas funcionan a base de datos históricos y matemáticos.

Para cotizar sus valores en la Bolsa, las empresas primero deben hacer públicos sus estados financieros, puesto que a través de ellos se pueden determinar los indicadores que permiten saber la situación financiera de las compañías. Las bolsas de valores son reguladas, supervisadas y controladas por los Estados nacionales, aunque la gran mayoría de ellas fueron fundadas en fechas anteriores a la creación de los organismos supervisores oficiales.

PARTE III
ASPECTOS METODOLOGICOS

3.1 TIPO DE LA INVESTIGACIÓN

Esta investigación es de tipo documental, como su nombre lo indica, apoyándose en fuentes de carácter documentales, la cual se basa en la búsqueda, clasificación, recolección y análisis de toda la información obtenida a través de textos y documentos de diversos autores.

Al respecto, Bernal, A (2006) comenta. "La investigación documental consiste en un análisis de la información escrita sobre un determinado tema, con el propósito de establecer relaciones, diferencias, etapas, posturas o estados actuales del conocimiento respecto al tema objeto de estudio". (p.110).

3.2 NIVEL DE INVESTIGACIÓN

Este trabajo se ubica en el enfoque metodológico de una investigación de carácter descriptivo, porque comprende el análisis detallado de situaciones de la realidad, permitiendo la explicación de la misma, al tomarse en cuenta la existencia de diversos factores para establecer características relacionadas con las variables que intervienen en el problema objeto de estudio.

Según Balestrini, M. (2001) señala que la investigación descriptiva, "trata de obtener información acerca del fenómeno o proceso, para describir sus implicaciones". Este tipo de investigación, no se ocupa de la verificación de la hipótesis, sino de la descripción de hechos a partir de un criterio o modelo teórico definido previamente.

3.3TÉCNICAS DE RECOLECCIÓN DE INFORMACIÓN

Las técnicas de recolección son muy diversas, van a depender del tipo de investigación que se esté realizando.

Estas técnicas son procedimientos o conjunto de reglas, normas o protocolos, que tienen como fin obtener un resultado determinado, que se deben ser o sirve como patrón para el diseño del proceso de la investigación.

Las técnicas usadas para recolectar información fueron:

1. Análisis documental. Esta técnica tiene como propósito el análisis bibliográfico del material impreso, se utilizo para la elaboración del tema objeto de estudio con la finalidad de explorar y conocer ciertos aspectos básicos de nuestra investigación.

2. Internet. Sin dudas es uno de los medios por los cuales se obtiene mucha información y se ofrece como una de las diversas técnicas de recolección de investigación.

3. Fichaje. Este procedimiento nos permite recopilar toda la información para luego ser analizada y desarrollada de la manera más correcta y ordenada

PARTE IV CONCLUSIONES

Efectuando el análisis bibliográfico de las variables en el estudio se concluye que:

➢ El surgimiento y evolución de este tipo de mercado en este país, ha tenido beneficios, pero a causa de los cambios efectuados por los diferentes tipos de Gobiernos que han existido se ha visto muy afectado, en la actualidad el índice de las operaciones que se realizan en este mercado son las más críticas en toda la historia de esta nación. Por ende la incertidumbre de realizar inversiones en el país.

➢ El Mercado de Capitales es uno de los promotores al desarrollo de la economía de un país es por ello su gran importancia para los países en vías de desarrollo como es el caso de Venezuela, es uno de los sistemas para invertir y ahorrar para obtener beneficios a través de las operaciones con títulos de libre cotización como lo son las acciones, bonos, títulos de deuda pública, certificados de divisas entre otros productos. La Bolsa de Valores es la herramienta principal de este tipo de mercado hace posible la existencia del Mercado Secundario, donde acuden los inversionistas aportando sus capitales para la compra de títulos ya emitidos por las empresas privadas o por el sector público, constituye una fuente de financiamiento en el cual pueden asistir entes de los sectores públicos y privados a su vez optar por recursos que requieran para acometer nuevos proyectos o restructuración de sus pasivos y así hacerse competitivos y más eficaces de allí su gran importancia para el desarrollo económico de un país.

➢ Actualmente este mercado se rige por diferentes leyes entre una de ellas se encuentra la Ley de Mercado de Capitales derogado en el 2010 por la Ley del Mercado de Valores, también las normas emitidas por el Ministerio de Finanzas, la Comisión Nacional de Valores, la Ley de Cajas de Valores y la Ley de Entidades de Inversión Colectiva, entre otras. Se conoce que una de los cambios hechos por el actual Gobierno en una de las leyes es; la prohibición de operaciones de compra venta de bonos denominados en dólares uno de los mecanismos para convertir bolívares en dólares y viceversa además, se les prohibió a las empresas del sector la intermediación y tenencia de bonos de deuda pública.

➢Las expectativas que se esperan alcanzar con el Mercado de Capitales en el futuro es que brinde seguridad y confianza a los financistas e inversionistas mediante mecanismos y sistemas virtuales como es el caso del Sistema Integrado Bursátil Electrónico (SIBE)